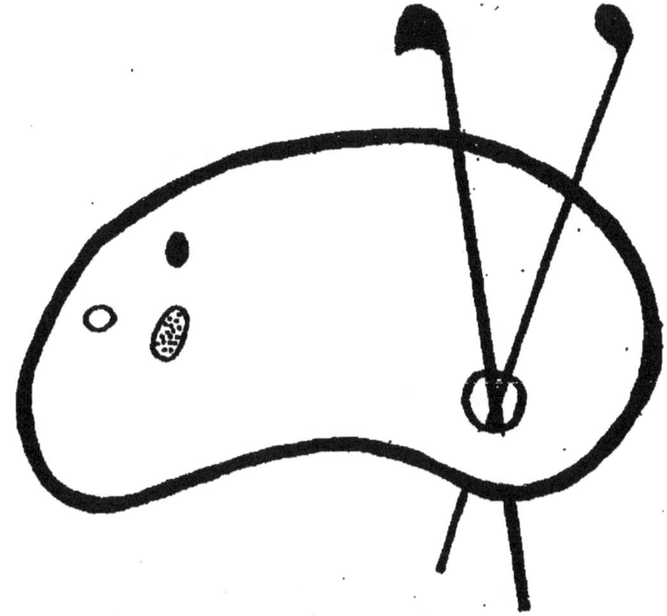

DEBUT D'UNE SERIE DE DOCUMENTS
EN COULEUR

Camille DAUX

Le Denier
de
Saint-Pierre

Ses origines,

Ses Raisons et Convenances,

Ses Modifications.

BLOUD & Cie

1907

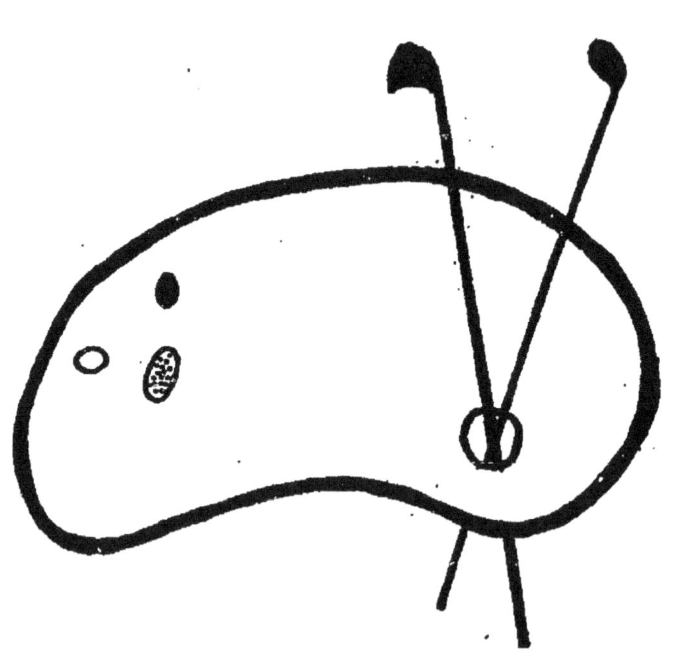

FIN D'UNE SÉRIE DE DOCUMENTS
EN COULEUR

LES ŒUVRES CATHOLIQUES

LE
Denier de Saint-Pierre

SES ORIGINES

SES RAISONS ET CONVENANCES

SES MODIFICATIONS

PAR

Camille DAUX

Missionnaire apostolique

PARIS

LIBRAIRIE BLOUD & Cie

4, RUE MADAME, 4

1907

Reproduction et traduction interdites.

MÊME SÉRIE

AU LECTEUR

En 1861, le pieux et célèbre Mgr de Ségur publia, sur le Denier de Saint-Pierre, *un « opuscule populaire pour aider les prêtres et les catholiques zélés à faire comprendre l'importance, la grandeur, la sainteté, la nécessité de l'Œuvre naissante (1). »*

Le but fut atteint. En moins de cinq ans, près de cent mille exemplaires de ce petit traité étaient répandus en France. On le traduisit dans presque tous les pays où le zèle des évêques et du clergé avait constitué cette œuvre si éminemment catholique.

Aux appels adressés, soit par les mandements épiscopaux, soit du haut des chaires paroissiales et jusque dans des réunions populaires, on répondit par des actes admirables de dévouement et d'héroïques sacrifices. La grande dame vendit ses bijoux, la petite ouvrière abandonna une part de son salaire journalier, de pauvres jeunes filles sacrifièrent leur chevelure et de vail-

---

(1) *Œuvres* (édit. Tolra et Haton), in-8° ; *Première série*, t. II, p. 404.

lants officiers leurs décorations pour venir au secours du Saint-Père spolié de ses États.

Ces faits et mille autres sont magnifiquement racontés en maintes publications. Ainsi, prenant sa grande place parmi les œuvres de charité catholique, le Denier de Saint-Pierre a été apprécié comme il le devait, comme le souhaitaient ceux qui ont parlé ou écrit à son sujet.

Toutefois, promoteurs et apôtres de cette Œuvre ne s'en sont occupés qu'au point de vue doctrinal, utilitaire et anecdotique.

Autre est notre but.

Nous voudrions, en ces quelques pages, exposer l'historique même du Denier apostolique depuis l'origine, en racontant ses débuts, ses progrès et ses décadences, ses modifications et sa rénovation moderne à une heure bien opportune.

Ce sera, croyons-nous, combler une regrettable lacune et, peut-être, accroître le dévouement au Saint-Siège.

CHAPITRE PREMIER

Aumônes et redevances au Saint-Siège.

Renouveau et sens d'une ancienne appellation. — Motifs et effets des tributs payés au Saint-Siège. — Ancienneté des contributions religieuses. — Le *Denier* ne doit pas être confondu avec les impôts censitaires.

Telle que nous la voyons de nos jours, l'Œuvre du Denier de Saint-Pierre remonte à une cinquantaine d'années environ. La première pensée en vint à Montalembert.

En ces jours sombres où Pie IX, chassé par un peuple d'ingrats, cherchait un refuge à l'étranger et se trouvait sans ressources comme aux temps apostoliques, il vint à l'illustre champion de la liberté pontificale une filiale idée, qui sent bien son moyen âge. Non content d'avoir plaidé à la Chambre des pairs la cause de la Papauté avec une éloquence qui souleva les applaudissements, le grand orateur se dit : « Puisque la France catholique n'a pas eu le bonheur de recevoir le pape pendant son exil, ne faut-il pas qu'au moins elle lui témoigne par ses actes l'intérêt qu'elle porte à ses épreuves ? »

Secondant cette inspiration, le Comité catholique, qui s'était formé chez nous en faveur du royal persécuté, adresse aussitôt une circulaire à l'épiscopat français pour lui signaler la situation précaire du Souverain Pontife et le supplie de faire appel à la générosité des fidèles. Chaque diocèse fit écho à la voix des évêques : les aumônes centralisées par les soins des curés allèrent soulager quelque peu la misère du noble captif. Quelques années plus tard, les catholiques de Gand fondaient définitivement l'*Œuvre du Denier de Saint-Pierre* (1).

L'appellation n'était pas nouvelle ; mais elle n'eut pas toujours le sens que nous lui donnons aujourd'hui. A différentes époques elle désigna tout aussi bien les divers revenus du Siège apostolique, que les dons strictement gratuits qu'elle vise actuellement. Ainsi au xi⁰ siècle et encore dans le xvi⁰, on qualifia souvent de *denarius sancti Petri* les impôts fixes et obligatoires, non moins que les offrandes spontanées et volontaires.

*
* *

Il faut savoir que de bonne heure plusieurs États chrétiens, des puissances de fraîche date, de nom-

___

(1) *Montalembert d'après son journal et sa correspondance*, par le R. P. Lecanuet, prêtre de l'Oratoire, t. II.

breuses communautés monastiques et séculières, de puissantes familles, pour obtenir la *protection* du Saint-Siège contre des rivaux et des usurpateurs, s'engageaient à lui payer une redevance à époque déterminée (1). Ces tributs consentis et réglés à l'amiable constituèrent le *patronage* des Souverains Pontifes qui, de ce fait, fut substitué à celui que les princes laïques avaient jadis possédé et qu'ils étaient devenus incapables de maintenir, surtout à partir du ixe siècle. Le Saint-Siège était un pouvoir d'une nature spéciale : son caractère de puissance morale et universelle lui valut, dans le monde féodal, une seigneurie et une magistrature d'un genre à part et autrement appréciées et efficaces que les seigneuries et magistratures laïques.

Aussi, après la dissolution de l'Empire romain, c'est vers la Papauté que l'on se tourna ; c'est à elle que les intérêts temporels furent confiés. États naissants et dynasties nouvelles sentirent le besoin de se faire reconnaître par elle. A titre de reconnaissance et pour perpétuer les effets de ce patronage, tous ces *protégés* s'obligèrent à servir au *protecteur* une rente en argent ou en nature. Cette redevance prit bientôt le nom de

______

(1) Sur cette intéressante matière, voir l'importante thèse de doctorat : *Étude sur le* LIBER CENSUUM DE L'EGLISE ROMAINE, par M. Paul FABRE. Nous nous permettrons d'indiquer aussi deux études par nous publiées dans la *Revue des questions historiques*, à savoir : *La protection apostolique au moyen âge* (an. 1902, t. 72) et *Le Cens pontifical dans l'Eglise de France* (an. 1904, t. 75) ; plus dans *L'Orient chrétien* (sept. 1905) : *L'Orient latin censitaire du Saint-Siège*.

cens, et se confondit avec les divers revenus d'origine foncière que le Saint-Siège percevait sous ce nom.

Mais ces tributs féodaux, ces impôts réguliers, acquittés comme signe d'un dévouement et d'un respect spécial, ou pour obtenir d'une façon particulière l'appui du Pontife romain, ne doivent pas être confondus avec le *Denier de Saint-Pierre.* Ceux-là étaient le témoignage sensible, d'une part, de « la liberté acquise, *ad indicium libertatis* », et, d'autre part, de « la protection assurée, *ad indicium perceptæ protectionis* ». Toutefois, comme les ressources provenant de ce chef se confondaient dans le trésor pontifical avec les produits des divers patrimoines du Saint-Siège, pour servir tous ensemble à l'entretien du Pontife, à ses œuvres et aux nécessités de l'Église, on les englobait sous la dénomination de *Denarius sancti Petri.*

Plus justement on qualifierait ainsi les offrandes et contributions des fidèles de la primitive Église. On sait que les premiers chrétiens ne laissèrent dans le besoin ni le Pontife, ni le clergé, ni les communautés ; saint Paul et les *Actes* nous édifient à ce sujet.

Le grand apôtre réunissait dans toutes les Églises des aumônes pour assister les fidèles de Jérusalem ; et partout les chrétiens répondaient à son appel de la manière la plus généreuse. Aux

Romains il écrivait : « Maintenant, je vais à Jérusalem porter des secours aux fidèles, car les Églises de Macédoine et d'Achaïe ont résolu de faire part de leurs biens à ceux d'entre les saints qui sont pauvres. Cela leur a plu ; aussi sont-ils pleins de reconnaissance. Car, si les Gentils ont participé aux richesses spirituelles des Juifs, ils doivent leur faire part de leurs biens temporels. Après donc que je me serai acquitté de ce devoir, je passerai chez vous pour aller en Espagne (1). » Aux fidèles de Corinthe il disait : « Que le premier jour de la semaine chacun de vous mette quelque chose de côté, amassant peu à peu ce qu'il veut donner, afin qu'on n'attende pas à mon arrivée pour recueillir les aumônes. Et lorsque je serai venu, j'enverrai ceux que vous m'avez proposés pour porter vos charités à Jérusalem (2). » Ces collectes devinrent en quelque sorte une partie intégrante des assemblées religieuses : à ce point qu'elles communiquèrent leur nom à la plus spéciale des oraisons du Sacrifice et au Sacrifice lui-même.

Dans les *Actes* (3) il est dit des premiers fidèles : « Il n'y avait point de pauvres parmi eux, parce que tous ceux qui possédaient des fonds de terres ou des maisons les vendaient et en apportaient le prix, qu'ils mettaient aux pieds des apôtres ; et

(1) Epist. ad Rom., xv, 25-28.
(2) Epist. I ad Corinth., xvi, 2, 3.
(3) *Act. Apost.*, iv, 34, 35.

on le distribuait ensuite à chacun, selon qu'il en avait besoin. » L'Évangile a consigné aussi que les saintes femmes s'étaient mises à la suite de Notre-Seigneur et de ses disciples, et qu'elles contribuaient de leurs moyens à leur subsistance et à leur entretien (1).

Ces secours furent tels, dès l'origine, qu'au temps du pape Damase (366-384) le Siège apostolique était entouré d'éclat et pourvu de richesses. Sous Grégoire le Grand (590-604), il possédait dans toutes les parties de la chrétienté de nombreux et vastes domaines, qui permirent aux Papes de venir en aide aux besoins de l'Église, à des œuvres pieuses, à de grandes entreprises. — La contribution religieuse est une des lois primitivement gravée au cœur des hommes. Durant toute la période antérieure aux lois écrites, le prélèvement d'une partie des biens à l'usage du service divin est un fait constant depuis Abel jusqu'à Jacob (2). Sous la loi judaïque, toutes les propriétés des douze tribus sont frappées d'une redevance considérable envers la tribu de Lévi : c'est *la légitime* (3). Dieu avait sa part, et celui qui l'offrait faisait ainsi acte de reconnaissance du souverain domaine. Une part, et la meilleure, était aussi réservée au grand prêtre: la *decimam decimœ* (4).

A travers les siècles, en plus ou en moins, la

(1) Luc, viii, 3.
(2) Gen., iv, 3-4 ; xxviii, 22.
(3) Nomb., xviii, 8 et seq. ; Deut., xii, 12 ; xiv, 22-29.
(4) Nomb., xviii, 21-32.

catholicité subvient ainsi aux besoins de son Chef, fournit à ses dépenses personnelles et aux œuvres pour lesquelles, directement ou indirectement, elle est sollicitée. Or, à quelle époque, ce concours eut-il le vrai caractère de don désintéressé, c'est-à-dire sans but de *protection pontificale*, et put être appelé véritablement *Aumône,* ou *Denier* de Saint-Pierre ?

*
* *

Comme nous l'avons insinué plus haut, certain document du xie siècle signale bien, sous la désignation de *Denarius S. Petri,* une redevance payée au Saint-Siège ; mais l'auteur qui la qualifie ainsi est très postérieur au fait, et on est tenté de croire qu'il songe à des temps plus récents. Selon Jean Dlugosz, les nobles Polonais s'engagèrent, en 1041, à payer chaque année au Souverain Pontife « un denier par tête et à se faire tonsurer à la romaine (1) ». Le fait en lui-même n'a rien d'invraisemblable ; mais l'engagement pécuniaire peut-il être considéré comme « denier de Saint-Pierre » ? Les livres de comptes de la Chambre apostolique du xive siècle inscrivent bien le *censum* de la Pologne sous la rubrique « *qui vulgariter denarius S. Petri nuncupatur* », et c'est là que l'auteur en question a puisé la

____

(1) Ditmar, l. VI, dans Baronius, *Annales eccles.,* an. 1041, n° 13 ; S. Grégoire VII, l. II, epist. 7.

dénomination qu'il lui donne. Toutefois il faut observer que quelques années avant, en 1013, le roi Boleslas se plaignait au Pape d'avoir été empêché par les mauvais procédés de Henri II d'acquitter à Rome le *censum promissum* (1) ; ce qui désignait la compensation, le paiement de la « protection apostolique », paiement qui fut effectué jusqu'au xvi⁰ siècle (2).

Mais le 20 avril 1075, le pape Grégoire VII remerciait ce même Boleslas, des offrandes *(munera)* qu'il avait faites à Saint-Pierre. Ce terme et le fait même du remerciement semblent viser des dons allant à l'Œuvre du *Denier,* plutôt qu'un impôt censitaire. Néanmoins, pour ce même royaume, le *cens* de capitation annuellement payé, en raison de sa dépendance directe du Saint-Siège, était appelé, en 1319 et 1324, *denarium S. Petri.* Et le roi se prévalait de ce tribut pour prier le Pape de l'aider soit contre les menaces des Tartares, soit contre les prétentions du roi de Bohême (3).

La vraie physionomie du *Denier* apostolique, avec ses modifications successives, ne se marque nulle part aussi bien que dans l'histoire des relations du Saint-Siège avec l'Angleterre. C'est là qu'il faut surtout l'étudier pour connaître ses

(1) Baronius, *Annal. eccles.*, an. 1013, n° 2.

(2) Archiv. Vatic., *Pauli III Brevia,* 22 août 1546, ep. 574 : *Collegium archivi Romanæ curiæ locavit denarium S. Petri provinciæ Gnezensis pro 80 ducatis.*

(3) Dans Raynaldi, *Annal. eccles.*, an. 1319 et 1324 ; it., Dobner, *Monum. hist. Bohemiæ,* t. V, p. 379.

origines et son fonctionnement. A vrai dire, c'est dans cette nation que l'Œuvre semble avoir pris naissance, ou que du moins de bonne heure elle jeta ses plus fortes racines et produisit les fruits les plus abondants durant de longs siècles.

Voyons donc ces débuts et leur raison.

CHAPITRE II

Le berceau du « Denier ».

Institution du *Denier* en Angleterre. — Ses premières modifications dans cet État. — Un conflit caractéristique. — Maintien du *Denier* avec son caractère distinct. — Collecteurs, produit et évaluations. — Sa suppression.

Depuis leur conversion par des missionnaires envoyés de Rome (596-601), les Anglo-Saxons témoignèrent toujours aux successeurs de saint Pierre une dévotion particulière. Le vénérable Bède nous apprend que le roi Ceadwalla considéra comme un bonheur sans égal de recevoir le baptême *ad limina apostolorum*. Ina, son successeur, déposa la couronne, qu'il portait depuis trente-sept ans, pour se rendre lui aussi « en pèlerinage auprès de l'Apôtre, trop heureux de finir ses jours dans le voisinage du glorieux tombeau ». Les conquérants de la Grande-Bretagne, par eux baptisée du nom d'Angleterre, furent entraînés par ces exemples, et on les vit se rendre en foule dans la ville des papes, persuadés, dit leur saint historien, « qu'à leur entrée dans l'autre vie, ils seraient reconnus et bien accueillis par les saints apôtres (1) ».

Aussi, sur la fin du viiie siècle, florissait à Rome une *Schola Saxonum*, vraisemblablement le plus ancien de ces établissements affectés aux pèlerins. Là était comme le quartier général des Anglais qui se rendaient dans la Ville éternelle. C'était pour eux une diaconie nationale, où ils trouvaient, d'après ce qu'a écrit le chroniqueur Matthieu de Paris, « autour d'une église administrée par des compatriotes, tous les services hospitaliers dont ils avaient besoin, et, s'ils y mouraient, une sépulture honorable leur était assurée (2) ». Cette *schola* eut une si grande importance qu'elle communiqua son nom *(Burgus Saxonum)* au quartier de Rome situé sur la rive droite du Tibre, qui est devenu le *Borgo* (3). Jusqu'au pape Innocent III, cet asile fut plus que pour l'hospitalité matérielle, il y eut aussi la *Schola* au vrai sens du mot, c'est-à-dire l'instruction religieuse des néophytes anglais, et plus tard l'enseignement complet pour les étudiants. Au reste, déjà en l'an 800, les Français, les Frisons, les Lombards avaient à Rome des établissements analogues bien renommés.

(1) *Hist. eccl. d'Angleterre*, l. V, c. vii.

(2) *Chronica majora*, édit. Luard, t. I, p. 330.

(3) Voir dans le *Liber pontificalis* (édit. Duchesne, t. II, p. 53), l'incendie de 817.

D'après la même chronique, la *Schola Saxonum* aurait été fondée par Ina, roi de Wessex (689-726). Il fut alors ordonné que « dans son royaume des Saxons occidentaux, chaque famille serait tenue de fournir annuellement un denier à saint Pierre et à l'Église romaine pour l'entretien des Anglais qui séjourneraient dans ladite *Schola*; cens annuel appelé en anglais *Romscot* ». La redevance d'*un denier*, d'après Matthieu de Westminster, était due par tout homme marié ; les célibataires devaient fournir *une obole*, les « tenementiers, ou tenants de fermes à cens *(francalani)* » étaient exempts de toute contribution.

Une autre tradition donne pour fondateur de cet établissement et de l'impôt du « denier par feu » le roi de Mercie, Offa II. Ce second fait, rapporté à l'année 793, c'est-à-dire après la fusion de ces deux royaumes, stipulait, ce semble, l'augmentation de redevance en faveur des Merciens qui, à l'exemple des habitants du Wessex, passeraient à Rome. D'autre part ce roi, attribuant sa victoire à saint Pierre, avait promis, en son nom et au nom de ses successeurs, un tribut annuel de 300 mangons (1), et en fit un vœu solennel en présence du légat du Pape. Offa tint religieusement sa promesse ; mais ses successeurs l'ayant parfois négligée, Ethelwulf, père de l'illustre roi Alfred, la renouvela durant un séjour qu'il fit à Rome en

______

(1) Le *mangon* ou *manousse* valait environ 1 fr. 50 de notre monnaie actuelle.

853, spécifiant que ladite offrande « serait partagée entre les églises des saints apôtres Pierre et Paul et le trésor pontifical ». Ce chef de peuple se montrait d'autant plus reconnaissant, que le pape Léon IV avait bien voulu adopter Alfred comme fils spirituel et lui départir lui-même l'onction royale. Pour le remercier de cette sorte de consécration donnée à sa dynastie, Ethelwulf fit à l'autel de saint Pierre de riches cadeaux en or, en pierreries, en ornements de soie ; il combla également de largesses les évêques, le bas clergé et les grands de Rome.

Tous les écrivains qui mentionnent l'une ou l'autre de ces fondations et la redevance qui les accompagnait, sont unanimes à y voir l'institution du *Denier* de Saint-Pierre : *Romepenny sive Petrespenny*, dit Brompton ; *Denarius B. Petri quod Romscot appellatur*, dit Matthieu de Westminster (1). Et lorsque, sous Édouard l'Ancien (901-924), l'unité eut été définitivement constituée dans cette nation, toutes les aumônes et redevances payées à Rome par les Anglais furent ramenées à un type uniforme. Dès lors, sous le titre de *Romfeoh*, ou bien encore de *Heordpenny*, le *Denier* se trouva universellement et régulièrement payé par l'Angleterre. Dans les lois on le gratifia de *eleemosyna regalis* « aumône royale » ; et, dès le règne d'Edmond (940-946), qui-

____

(1) Dans les *Hist. Anglic. scriptores* de Twysden, col. 751, à l'année 794.

conque en refusait le paiement encourait une amende de 120 shillings au profit du roi.

**
* *

« Il serait singulier, a écrit M. Fabre, que l'institution du Denier de Saint-Pierre ait survécu à tous les régimes qui se sont succédé en Angleterre, si cette « aumône royale » n'avait fini par devenir, aux yeux des peuples eux-mêmes, le signe de la consécration donnée au pouvoir de celui qui possédait la puissance de délier sur la terre comme au ciel. Conquérants danois et conquérants normands ont tour à tour accepté ou même revendiqué cet héritage des anciens rois saxons ; il semble qu'ils y avaient vu une espèce de consécration de leur légitimité et de leur union avec le Saint-Siège (1). »

Vers l'an 1031 le roi Kanut, à son retour de Rome, publia la célèbre loi « appelée en anglais *Danelaye,* ce qui veut dire en latin loi des Danois ». On y lit cet article, dont le texte fut inséré intégralement, au temps de Grégoire X (v. 1275), dans le *Liber censuum* de l'Église romaine : « Quiconque possède chez lui des troupeaux sur pieds pour une valeur de 30 deniers, devra payer de son propre fonds, s'il est de loi anglaise, *le denier de saint Pierre ;* et, s'il est de

____

(1) *Etude sur le Liber censuum,* p. 131 ; y voir les nombreuses références sur les faits ici analysés.

loi danoise, un demi-marc d'argent. Ce *denier* doit être réclamé le jour de la fête des apôtres Pierre et Paul, et perçu au plus tard pour la fête de saint Pierre ès-liens. Si quelqu'un n'est pas en règle pour cette date, il sera déféré à la justice royale, parce que le *denier* dont il s'agit est une « aumône royale » ; ladite justice fera payer le *denier* et, de plus, exigera une amende pour l'évêque ou pour le roi. Si quelqu'un possède plusieurs maisons, il payera pour celle où il se trouvera le jour de la fête des apôtres Pierre et Paul (1). »

Sous le roi Édouard le Confesseur on renouvela la même loi avec les mêmes prescriptions ; plus tard la législation de Guillaume le Conquérant n'y porta qu'une légère modification : l'évaluation de la fortune faite d'après les terres et non par troupeau de bétail. A ces diverses époques le paiement du *denier* était tellement dans les mœurs de ce peuple, et Rome le considérait si bien pour une redevance indiscutable, que sa suspension devint un des griefs du Saint-Siège contre certains princes de la dynastie saxonne en Angleterre qui refusaient ou différaient de l'acquitter.

Quoique nous n'ayons pas à entrer ici dans le fond du conflit qui, bien à tort, a fait taxer d'exaction Grégoire VII, il faut dire que les remontrances et les réclamations de ce pape ne furent pas sans fondement. Le Saint-Siège acceptait

(1) Ms. Vatican., 8186, f. 253 : *De quadam lege in Anglia vocata Danelaye et loquitur de Denario B. Petri.*

bien à titre « d'offrande, d'aumône » les sommes prélevées conformément aux lois librement établies ; mais les rois, dès avant même leur intronisation, avaient soin de faire reconnaître leur droit par la cour de Rome. Ainsi agit le duc de Normandie, devenu Guillaume le Conquérant ; et sa démarche revêtit un tel caractère, que des écrivains postérieurs ont pu dire qu'il avait reçu du pape l'investiture de l'Angleterre par « la bannière et par l'anneau », vrai signe de vassalité. Cette appréciation est exagérée ; mais la situation dans laquelle s'était mis le Conquérant vis-à-vis du Saint-Siège autorisait Grégoire VII à lui demander, avec la redevance payée *ab antiquo,* la prestation du serment de fidélité. Le roi refusa le serment, tandis qu'il s'empressa d'envoyer le montant du *denier,* y compris les arrérages, avec engagement de faire parvenir par « son féal archevêque Lanfranc », les sommes dues, aussitôt qu'elles auraient été versées. Par le fait, le « domaine éminent » du pape sur le royaume d'Angleterre se trouvait nié, mais le paiement du *Romscot* était ainsi reconnu, et tel il fut maintenu jusqu'au xviᵉ siècle.

Il y avait donc de la part de cette nation et de ses rois contribution à l'entretien du trésor pontifical, sans qu'il y eût une compensation au point de vue de la «protection pontificale». Là, ainsi que nous l'avons observé plus avant, est la note caractéristique de la redevance qualifiée *Denier de Saint-Pierre.* Sous les successeurs de Grégoire VII furent établis, en Angleterre comme dans les autres parties de la catholicité, les rapports de *protecteur* et de *protégé* ; mais ce point de vue est en dehors du sujet auquel nous devons simplement nous tenir.

Pour autant que Henri II, en 1173, eut affirmé que « l'Angleterre est le patrimoine de saint Pierre » et qu'il « ne reconnaît pas d'autre suzerain », l'acquittement du *denier* resta tel et fut distinct des autres cens. Quand, au siècle suivant (30 octobre 1213), Jean sans Terre s'engage à payer une redevance annuelle de 10.000 livres sterling, il précise au pape Innocent III que c'est là un supplément et que « le *denier* apostolique restera sauf, *salvis per omnia denariis B. Petri* ». Il en fut ainsi, puisque, entre autres faits, les livres du trésor témoignent qu'au mois de décembre 1221, l'Angleterre était à jour pour le *denier*, tandis que le roi doit deux termes entiers de sa dette personnelle. Déjà en 1214, le même pape avait réclamé, sous les peines les plus sévères, le paiement intégral de cette redevance due par chacune des maisons du royaume.

*
* *

Ce qui précise bien la distinction entre ces différentes redevances, c'est l'institution d'un personnel spécialement chargé de la collecte et de l'envoi à Rome des sommes affectées au Denier pontifical. Ainsi, à partir du xiiie siècle, le Saint-Siège entretient à Londres une administration régulière pour cette perception. L'agent chargé de ce recouvrement est à demeure en Angleterre, avec maison spéciale et archives indépendantes de tout autre centre de finances. Dans ses registres du *Denier* nombreux sont, jusqu'au xvie siècle, les collecteurs signataires des quittances des sommes perçues et de leurs versements à la camérerie papale. Parfois les évêques se chargèrent de la perception et de la transmission des fonds ; l'œuvre n'en fonctionna que mieux.

Les registres donnent par le détail le rendement des collectes faites dans chaque diocèse. On y constate que du xiiie au xvie siècle elles varièrent fort peu. Ainsi à la première de ces époques la somme s'élevait à 199 livres, 6 sous et 8 deniers, soit 300 marcs sterling ; et en 1510, le collecteur Pierre Griphi (1) enregistre exactement le même chiffre. Il n'y a de changement que pour les diocèses de Canterbury et de Londres, où à cette époque avait été faite la division en archidiaconés ; mais la répartition établie entre chacun des établissements donne le même total que les deux diocèses réunis.

Les sommes totalisées fixent très approximativement sur le nombre des participants à la contri-

---

(1) Cet agent de la Chambre apostolique composa le *De officiis collectoris*, traité sur le fonctionnement de cette œuvre avec un essai historique sur le Denier lui-même. Cf. ms. à la Bibliothèque vaticane, signalé par le cardinal GARAMPI.

bution. Chaque famille versant *un denier sterling,* les 300 marcs représentent près de 48.000 deniers ; c'est donc ce chiffre de contribuables que l'Angleterre compta pendant, au moins, ces trois cents ans. Quant à la valeur intrinsèque de la somme, elle variait avec les époques. Les collecteurs eurent soin, généralement, d'établir ces variations ; et d'après leurs calculs faits au jour le jour, on constate les hausses et les baisses dans cette classe de revenus pontificaux. Les rapports des diverses monnaies avec la monnaie romaine, la dépréciation de l'or et les pertes occasionnées par le change finirent par réduire extrêmement ces ressources. Lorsque sous Henri VIII ce paiement fut momentanément suspendu, la somme réellement perçue par la trésorerie papale ne représentait plus que les trois cinquièmes de la valeur nominale.

Néanmoins cette contribution finissait par paraître de jour en jour plus lourde. Les démêlés de ce roi à l'occasion de son divorce et de ses mariages illégitimes occasionnèrent la rupture de ce pacte entre l'Angleterre et la papauté. Après la suspension qu'il décréta comme représailles, un acte du Parlement le supprima en 1534. Marie Tudor le rétablit ; mais il fut définitivement aboli en 1558, à l'avènement d'Élisabeth. La triste fille du despote et lubrique Henri VIII n'eut rien de plus pressé que de porter l'interdiction du culte catholique. « L'Angleterre, comme l'observe l'auteur que nous avons déjà cité, était peut-être de tous les royaumes censiers du Saint-Siège celui à qui le Denier de Saint-Pierre a le moins servi, et c'est elle, pourtant, qui l'a payé le plus régulièrement et le plus longtemps. Sans doute elle acquittait une dette de reconnaissance envers cette Rome qui l'avait appelée aux bienfaits de la foi chrétienne, mais les politiques ont pu penser qu'au bout de mille ans il y avait prescription (1). »

(1) P. FABRE, p. 145. — Voir pour cette Œuvre en Angleterre : LINGARD, *Antiq. de l'Angl.* ch. IV ; LAPPENBERG, *Hist. d'Angl.*, t. I, p. 265 ; DÖLLINGER, *Eléments de l'Hist. de l'Eglise* ; BARONIUS, *Annal. eccl.* ; FABRICIUS, *Amœnit. theol.* (1699) ; Card. Giuseppe GARAMPI, *Il danaro di S. Pietro*, Rome 1750 (Biblioth. Vatic.) Mémoire publié en 1875 par l'abbé UCELLI, dans *Il papato*, t. I, p. 481-518 ; FRIJE, dans *Revue cath.* (Louvain, 1860), POMPONIUS, *Le Denier au X⁰ s. d'après les familles du Palatin à Rome*, dans *Moniteur de Rome* (fév. 1884) ; *Revue de l'Art chrétien* (1884). — Pour complément bibliographique, cf. *Répertoire* du chanoine U. CHEVALIER.

CHAPITRE III

Le " Denier " dans la Catholicité.

Le *Denier* en diverses parties de l'Europe et de la chrétienté. — Son caractère distinct et sa fusion avec le Cens pontifical. — Coup d'œil sur le concours charitable de l'Église orientale.

En faisant remonter l'institution du Denier de Saint-Pierre aux offrandes et aumônes faites par l'Angleterre depuis environ les viiie et ixe siècles, on entend parler de l'ensemble d'organisation qui en fit une Œuvre pour ainsi dire nationale. Chez d'autres nations, vers la même époque, au fur et à mesure de leur conversion, de pareils engagements étaient pris, de semblables dons étaient envoyés au Saint-Siège. Souvent même dans la suite des âges, les Souverains Pontifes, pour justifier leur demande, citaient les exemples donnés par d'autres États ou par leurs princes, et déterminaient soit le montant, soit le mode de paiement d'après ce qui se faisait ailleurs.

Nous voyons, entre autres, le pape Grégoire VII, dans les démêlés avec Guillaume le Conquérant, dont nous avons parlé, lui signaler ce qui s'était fait en France au temps de Charlemagne. Et lorsque ce pontife mandait, à ses légats dans notre patrie, de prescrire le paiement annuel « d'au moins un denier par foyer, *ut unaquæque domus saltem unum denarium annuatim solvat beato Petro* », il l'invoquait à titre « d'ancien usage, *more antiquo.* » La preuve lui en était fournie par un diplôme authentique de cet empereur, conservé dans les archives de la basilique de Saint-Pierre. Chaque année, porte ce document, le monarque centralise 1.200 livres « pour les besoins du Siège apostolique, *ad servitium apostolicæ sedis* », et cela en trois endroits : à Aix-la-Chapelle, au Puy en Velay et à Saint-Gildas du Rhône. Le pape ajoutait d'ailleurs que Charlemagne, vainqueur des Saxons par l'assistance de saint Pierre, avait offert à l'apôtre sa conquête, et établi ainsi un *signum devotionis et libertatis.* Que si le denier imposé à chaque famille indiquait la propriété, « le domaine éminent » du Saint-Siège, il n'en était pas moins, dans son origine, une aumône offerte gracieusement.

Il en avait été ainsi dès la constitution des premiers patrimoines de l'Église. Les donations de Constantin, absolument spontanées, eurent pour but de créer des ressources au gouvernement pontifical et, avec le temps, ces biens fonciers furent avantagés des faveurs de la « protection apostolique ». Nous l'avons vu, c'est cette marche que suivit l'œuvre du *Romscot* en Angleterre ; il en fut de même dans les autres parties de l'Europe. Au sujet de celles-ci nous sommes loin de posséder autant de données que pour les pays anglo-saxons ; néanmoins on peut, chez un certain nombre, constater de bonne heure déjà le paiement du Denier pontifical.

*
* *

Ainsi à la fin du xie siècle, Olaüs, roi de Suède, l'établit dans ses États. Trois cents ans après, alors que le cardinal, qui devint plus tard le pape Adrien IV, y exerçait une légation (1148-1154), le fonctionnement de cette œuvre était réglementé pour cette nation.

Il en fut évidemment de même pour la Norwège, où le même personnage fut légat sous les pontificats d'Eugène III et d'Anastase IV. Dans les deux pays « le tribut romain » était *d'un denier* par maison. Mieux que cela, l'archevêque de Drontheim, en Norwège, était chargé de lever ce subside dans toute son obédience métropolitaine, y compris le Feroë, l'Islande et le Groënland. Ce n'était certes pas petite affaire, surtout lorsque, comme pour ce dernier pays, la redevance était presque toujours acquittée en nature, tels que peaux de bœufs et de phoques, dents de morses, huile et ingrédients extraits de ces animaux, ou de végétaux et de minéraux.

En Islande, comme dans la plupart des régions scandinaves, le *denier* fut payé jusqu'à l'introduction de la réforme protestante. Les populations y étaient tellement bien accoutumées qu'en 1540 l'évêque luthérien continua à le lever à son profit.

Nous avons déjà vu que, dès le commencement du xɪᵉ siècle, le roi de Pologne payait un cens à l'Église romaine et y ajoutait personnellement de riches offrandes.

Le Danemark se trouvait dans les mêmes conditions, puisque sous le pontificat d'Alexandre II (1061-1072) il était rappelé au roi Sven que ses ancêtres avaient coutume d'apporter eux-mêmes le tribut du royaume « *præsentialiter* » (1).

Pour la Bohême, le duc Wladislas II est félicité, en 1074, par Grégoire VII parce qu'il a « envoyé à saint Pierre les 100 marcs accoutumés ». Et lorsque la chaire papale fut transférée à Avignon, le roi Charles s'y rendit pour s'entendre avec Benoît XII sur le *denier* qui était fourni par le diocèse de Breslau, en Silésie (*ad concordandum de denario S. Petri*).

---

(1) Pour le Denier en Écosse, Danemark, Suède, Norwège et Pologne, voir Schröckh, *Hist. de l'Égl.*, t. 21, 27, 33. Au sujet de l'évêque luthérien d'Islande, voir Woker (*L'histoire financière des Papes*), *Das kirchliche Finanzwesen der Päpste*. Nordlingen, 1878, p. 44.

*
* *

Il faut admettre toutefois que, pour beaucoup de pays, la contribution à l'entretien du Saint-Siège ne put être consentie ou proposée qu'à titre de reconnaissance des services rendus ou assurés par la Papauté. Ce fut surtout de la part des États ou des principautés fréquemment exposés à des invasions ou à des démembrements causés par des rois puissants ou d'ambitieux voisins ; de leur côté aussi les conquérants faisaient affirmer par ce moyen leurs prises de possession. La vassalité dans laquelle ils se mettaient vis-à-vis du Saint-Siège leur assurait défense morale et souvent même matérielle. Il en fut ainsi notamment pour le royaume des Deux-Siciles, conquis au xie siècle par les Normands sur les Musulmans.

Dans les mêmes conditions et au même siècle, les chrétiens d'Espagne reprenaient progressivement sur les infidèles l'ancienne terre des Wisigoths ; et, par le cens annuel qu'ils payaient au trésor pontifical, on revenait à ce qui était établi avant la conquête romaine. Le pape recouvrait ses droits sur la péninsule Ibérique, et celle-ci, pour ses nouveaux royaumes, trouvait la « protection apostolique », dont l'offrande du *denier* était la reconnaissance matérielle. C'est de la sorte que le royaume d'Aragon, la cité de Tarragone et le comté de Barcelone se lient au siège de

Pierre, lui assurant « 500 mangons de Jacca, un mangon pour chacun des guerriers, un cens annuel de 5 livres d'argent », et peu après « une censive quinquennale de 25 livres aussi d'argent ». A certaines époques ces redevances subirent des modifications ; mais le principe posé fut maintenu avec les garanties que les rois se faisaient un devoir et un honneur d'aller assurer personnellement aux pieds du Souverain Pontife.

De bonne heure le Portugal se fit le soldat de l'Église, après avoir assuré au trésor de Saint-Pierre les sommes qui seraient prélevées sur les domaines de la comté. Et lorsque, en 1179, le comte Alphonse voulut ériger son État en royaume et prendre le titre de roi, c'est en se basant sur les liens qui unissaient le Portugal au Siège apostolique qu'il demanda au pape Alexandre III l'approbation et la consécration de ce changement avantageux à sa lignée et à son pays. Dès ce jour le nouveau monarque porta à 4 marcs les 4 onces qui étaient offertes auparavant et qui l'obligeaient lui et ses sujets comme le *proprius miles* de la Papauté. Depuis longtemps déjà les seigneurs de ce comtat s'étaient déclarés « pupilles de saint Pierre, *inter hœredes Apostoli* » ; titre qu'avait ratifié le pape Lucius II, en 1144. Comme pour plusieurs des *protégés* que nous venons de citer, il y a dans ces deux faits concernant le Portugal, un acte établissant la dépendance vis-à-vis d'un suzerain ; mais il n'en est pas moins vrai que le principe est basé, là aussi, sur des offrandes librement faites au Saint-Siège (1).

Si nous nous transportons à une autre extrémité de l'Europe, nous trouvons, par exemple, dans la Russie, le royaume de Kiew traitant avec la Papauté. Grégoire VIII accorde au fils de Dmitri, Isiaslaf, le gouvernement de cet État *(gubernacula regni)*, sur l'hommage et la fidélité qu'il a rendus à saint Pierre. L'aumône du *Denier* prépara cette honorable vassalité, et se continua sous la forme du *cens* que la reconnaissance rendit plus important pour le trésor pontifical (2).

*
* *

On agissait de même dans l'Église latine d'Orient. Quoique nous ne voulions pas franchir les limites de l'Occident, il est bon de remarquer que de ces contrées, pour lesquelles les papes furent si souvent obligés d'envoyer des subsides, d'aider à la levée et à l'entretien de troupes, arrivaient aussi des secours au successeur de Pierre. L'Orient ne pouvait pas oublier que le chef de l'Église avait établi la première chaire apostolique à Antioche. De bonne heure cette partie de la catholicité dut contribuer pour sa part à l'entre-

(1) Au sujet des Deux-Siciles, de l'Espagne et du Portugal, voir dans Muratori, *Antiquit. ital., medii ævi*, t. V; item les *Miscellanea* de Baluze et les *Annales* de Baronius.

(2) Acte du 17 avril 1075 ; cf. *Monum. Gregoriana.*

tien du Saint-Siège, soit par des impositions en argent ou en nature, soit par des libéralités bénévoles, qu'inspiraient l'ardeur de la foi et l'attachement au trône pontifical. Quand pour ces régions d'outre-mer vinrent de funestes époques, surgirent de malheureuses circonstances, où les individus, les monastères, les églises et diocèses eurent à réclamer l'appui du Pontife suprême, leurs appels furent entendus.

En désolant ces contrées et les faisant passer sous des maîtres qui les ruinaient matériellement et moralement, les guerres, les invasions, la domination des Huns et des Arabes, les schismes et les hérésies firent jeter des cris de détresse vers Rome. La Papauté s'en émut si bien, qu'elle suscita, suivant l'expression d'un contemporain de ces grands événements, « l'entraînement divin avec lequel l'Europe se précipita sur l'Asie (1) ». L'Orient paya son tribut de reconnaissance en envoyant soit de l'or monnayé ou en barre, soit des produits du sol : des étoffes de lin et de soie, du drap d'or, de l'encens, de la cire, de l'huile, des aromates et jusqu'à des chevaux avec ou sans leur harnachement (2). Alors donc que les papes frappaient en Occident l'impôt de la guerre sainte (*vicesima Terræ sanctæ*), l'Orient l'avait prévenu et l'accompagnait de ses libéralités envers la chaire apostolique.

(1) Cité par Michaud dans l'*Hist. des Croisades.*

(2) Voir notre Etude, déjà citée, sur l'*Orient latin censitaire du Saint-Siège.*

CHAPITRE IV

Raison et convenances du « Denier ».

Convenances et nécessité du *Denier*. — L'Église, véritable
société avec ses droits et ses besoins. — Son Chef,
souverain indépendant et Rome domaine de la catholicité. — La solidarité chrétienne assure le pouvoir temporel et spirituel. — Les bienfaits de la Papauté
répondent au tribut charitable.

La catholicité a toujours pris part aux douleurs
et aux nécessités de son Chef : de saint Pierre à
Pie X, les papes en ont tous eu la preuve. Ce
concours ne fut pas seulement affectif : il s'est
manifesté plus que par des paroles et par des
souhaits, plus que par une participation morale
aux besoins, aux épreuves, aux souffrances de la
Papauté et de l'Eglise. Il y eut tous les actes de
la solidarité et de la charité chrétienne, dont les
premiers fidèles donnèrent l'exemple en mettant
« tout en commun » (1).

(1) Act. Apost., II, 44 ; IV, 32.

Corps mystique de Jésus-Christ, notre Église n'en est pas moins une société composée d'êtres réels, d'hommes soumis à toutes les nécessités de l'existence matérielle. Dieu a réglé qu'elle serait régie ici-bas non point par des anges, mais par des hommes : et comme elle n'est pas dans le ciel, mais sur cette terre, il lui faut maintenir son existence par des moyens terrestres, les moyens mis au service de l'individu, de la société familiale et de la société civile. Le chef et les sujets, les ministres et les serviteurs, les pontifes et les fidèles, subissant les nécessités matérielles, doivent donc recourir aux ressources matérielles. C'est la réponse du simple bon sens et de la logique, opposée à ceux qui s'insurgent contre les prétendues richesses de l'Église et surtout de la Papauté. Réponse aussi aux utopistes qui voudraient cette société dans un monde idéal vivant de pur surnaturel et sans se préoccuper et occuper des affaires terrestres. Théories et prétentions pour le moins singulières !

Les ministres de la religion divine étant des hommes, et non des esprits, il a fallu que Dieu pourvût à leur subsistance. Il n'a rien établi directement pour cela, et il a laissé à des volontés libres le soin et le mérite de satisfaire aux nécessités de son Église, de ceux qui la desservent, y président, administrent et gouvernent. De tout temps, la propriété ecclésiastique a pourvu à l'entretien des clercs, tandis que le pouvoir temporel des papes assurait plus spécialement l'entretien des Souverains Pontifes et l'indépendance de la société dont ils ont la charge. Tous les concours prêtés au Saint-Siège, toutes les aumônes, les offrandes de toute nature — sur lesquelles nous avons jeté une vue d'ensemble — ont constitué le patrimoine de cette Église, et garantissaient à la fois sa vie matérielle, sa puissance spirituelle, sa permanence et cette souveraineté indépendante, sans laquelle le monde moral serait renversé de fond en comble. Cette dernière vérité a été reconnue et déclarée incontestable par les hommes d'État et par les plus grands politiques, même étrangers au catholicisme.

Grâce à la sève qui circule dans les membres de ce corps relié au Christ par les successeurs de Pierre, la chrétienté n'a cessé de se dévouer à la défense de son Chef; elle a lutté constamment pour le maintenir en possession de sa légitime souveraineté, et la lui reconquérir aux époques où elle paraissait échapper. Ce qui s'était fait en plein moyen âge pour les Gélase II, les Eugène III, les Alexandre III ; ce qui s'était répété pour Pie VI et Pie VII au début du xix⁰ siècle, s'est reproduit dans la seconde partie de ce dernier siècle pour Pie IX. Les temps avaient subi des changements profonds ; mais malgré tout, l'âme de la chrétienté devait retrouver, au fond de ses

souvenirs, l'intelligence de ses droits et la générosité pour accomplir son devoir. — Dans le cha-
pitre où nous traitons de l'Œuvre contemporaine
du Denier de Saint-Pierre nous verrons comment
cela s'est réalisé à notre époque ; pour le moment
pénétrons-nous des raisons, des nécessités et
convenances de ces dévouements à la Papauté.

***

A cette société il faut un centre d'où partiront
les impulsions et les ordres, où chacun pourra
recourir et se trouver chez soi. Ce centre est
Rome, comme à l'origine ce fut Antioche. « Rome
ni les États pontificaux, a dit Donoso Cortès,
n'appartient à Rome, n'appartient au pape ; ils
appartiennent au monde catholique. Le monde
catholique en a reconnu le pape possesseur, afin
qu'il soit libre et indépendant ; et le pape lui-
même ne peut se dépouiller de cette souveraineté,
de cette indépendance. » Aussi, Fénelon a-t-il
écrit : « A Rome tout catholique se trouve dans sa
patrie ; » et Montalembert : « Nul catholique n'est
étranger à Rome. »

Or, il importe à tous les catholiques, à tous
les gouvernements catholiques ou non, que le
Pape soit non seulement Chef de l'Église, mais
encore Prince temporel. Cette souveraineté est
l'œuvre des siècles, et ils en ont établi le siège à
Rome. « Les siècles ont fait cela, et ils ont bien

fait, » disait Napoléon Ier, alors cependant qu'il tenta de le « défaire ». Mais ce que les siècles ont ainsi établi, nul ne peut le défaire utilement pour lui et pour le monde, pas même pour ceux qui l'ont fait. Constantin, Charlemagne, les empereurs qui contribuèrent à l'établissement temporel des papes, s'ils revenaient sur terre ne pourraient réussir à ruiner sans retour cet édifice. Ces considérations firent dire à Thiers en pleine Assemblée nationale : « Pour le Pontificat, il n'y a d'autre mode d'indépendance que la Souveraineté. Et c'est là un intérêt universel de la plus haute importance... Sans l'autorité du Souverain Pontife, l'unité catholique serait défaite ; sans cette unité le monde moral déjà si fortement ébranlé serait renversé de fond en comble. »

*
* *

Quelles que soient les spoliations sacrilèges dont le Saint-Siège ait été la victime, il est impossible de considérer le Pape autrement que comme un souverain. En sa qualité de Chef de l'Église, il ne peut être le vassal d'une puissance de ce monde. Même temporellement il lui faut la royauté absolue. Cette royauté est nécessaire à l'éclat de son autorité, la plus grande qui soit ici-bas. Elle est non moins nécessaire au caractère sacré de la Papauté : tant que les hommes ne seront pas de purs esprits, ils auront besoin de voir un peu d'éclat autour des choses saintes pour les bien apprécier. Le sénateur Pudens fit un acte de haute sagesse lorsqu'il donna au pêcheur de Génésareth un trône de nacre et d'ébène : il préludait à l'œuvre du *Denier,* aux aumônes faites au royal successeur de Pierre.

Cette royauté est aussi nécessaire, sinon à l'essence, du moins à l'exercice du pouvoir spirituel. Le Souverain Pontife est chef et guide des consciences de deux cent millions d'hommes. Une telle domination étendue sur le monde entier, est-elle possible sans de nombreux conseillers pour l'aider à élaborer les lois de cette société, sans ambassadeurs pour les porter et les transmettre, sans demeure pour recevoir dignement les représentants des diverses parties de la catholicité, sans finances pour parer aux frais d'une aussi vaste administration, enfin sans établissement matériel proportionné à l'immensité d'un tel empire ? Il faut donc pourvoir à ces dépenses. En demander les moyens aux rois serait aliéner son indépendance, engager l'avenir et la liberté des décisions.

Pour ces motifs le père de la chrétienté ne peut donc accepter que des secours volontaires offerts par la générosité de ses enfants. Les cœurs de deux cent millions de catholiques, voilà la mine féconde où il trouvera les trésors nécessaires à l'exercice de son autorité et au gouvernement de cet état universel. C'est la piété généreuse des fidèles qui fut dans les siècles son auxiliaire le plus puissant ; c'est elle qui le soutint dans les

heures de crise et de danger ; c'est elle qui a bâti
la colossale et admirable basilique de Saint-
Pierre, le Palais du Vatican ; c'est elle qui a
élevé et orné cette multitude de prodigieux mo-
numents qui ont fait de la capitale du monde
chrétien la protectrice des beaux-arts, comme
elle en est l'École et la maîtresse.

*
* *

A des fins multiples, toutes à l'avantage de leurs
sujets et du monde entier, les papes emploient la
majeure partie des ressources fournies par les
générosités individuelles. Pendant quinze siècles
et plus, ils ne se sont servis des riches trésors dont
ils disposaient que pour le bien général de l'hu-
manité. Qu'on compte, si l'on peut, les institutions qu'ils ont semées partout, les établissements
charitables qu'ils ont fondés et dotés, les monu-
ments magnifiques dont ils ont couvert les
diverses parties de la terre. La suppression des
annates et d'autres redevances, prodrome de
la confiscation des biens de l'Église, vint bien à
certaines époques arrêter ces bienfaits de la
Papauté, mais la charité chrétienne sut alimenter
encore, sous diverses formes, ce trésor qui allait
continuer à se déverser sur la catholicité.

Ainsi on voit les papes faire l'aumône avec
notre aumône, donner de leur main sacrée le
pain aux évêques persécutés, aux prêtres et aux

religieux dépourvus de tout et devenus, à leur exemple, des confesseurs de la foi. Pour l'expansion de cette foi, ils se sont constamment préoccupés de l'envoi des missionnaires dans le monde entier, et ont pourvu dans la mesure où ils pouvaient le faire, à leurs besoins. Alors que l'Œuvre admirable de la *Propagation de la Foi* n'était pas encore établie, Grégoire XIII crée à Rome des collèges pour y entretenir les futurs missionnaires, fournit à toutes les dépenses, les dote et prépare la Congrégation qui aura la charge spéciale de l'évangélisation dans les pays infidèles. Ses successeurs développent et aident puissamment cette entreprise arrivée à son apogée déjà sous Urbain VIII (1).

Les oboles des catholiques formèrent ainsi les biens et le trésor de la *Propagande,* dont le gouvernement italien s'est emparé, « grâce à une magistrature complaisante, et nonobstant le caractère international de cette institution », comme le remarque fort justement Mgr Battandier (2). Le spoliateur sert la rente, il est vrai, mais les titres sont au nom du Collège *de Propaganda fide,* ce qui rend très facile la spoliation définitive. Cependant les catholiques de l'univers n'entendaient pas que leurs charités fussent

______

(1) Voir sur cette matière *L'Œuvre de la Propagation de la Foi,* par M. ALEX. GUASCO, br. n° 306 de la présente collection *Science et Religion.*

(2) *Annuaire pontifical catholique,* an. 1899.

traitées de la sorte et détournées de leur but, même par partie.

Certes les papes eurent autrement souci des offrandes qui leur étaient faites même quand les jours devinrent mauvais, soit pour le Saint-Siège lui-même, soit pour quelque portion de la catholicité. En ces circonstances on les vit vendre les bijoux de leur chapelle et engager jusqu'à leur tiare et ses joyaux. Ainsi, en 1546, le vieux pape Calixte III vendit toutes ses pierreries pour en consacrer le prix à la Croisade contre les Turcs. Plusieurs de ses prédécesseurs n'avaient pas hésité de mettre en gage le trirègne chez des banquiers, contre des sommes d'argent nécessaires au gouvernement pontifical. Les bienfaits répandus par la Papauté sur le monde entier ne se comptent pas ; et ce sont les catholiques qui fournissent les moyens de les prodiguer pour le bien matériel, moral et surnaturel de la société.

CHAPITRE V

Rénovation contemporaine de cette Œuvre.

Déplorables effets de la *Réforme*. — Pie IX et la république italienne. — Association *Saint-Michel* en Allemagne et *Denier de Saint-Pierre* en France (1860). — Le mode de cotisations. — Grâces spirituelles : l'Archiconfrérie du *Denier*. — Grandeur de l'hommage pécuniaire ; ignominie de la liste civile inscrite par le gouvernement italien. — Rapprochement entre l'œuvre ancienne et la nouvelle. — Prestige et puissance du Pape. — Bienfaits procurés par le *Denier*. — Une ligue internationale.

Il était réservé au xixᵉ siècle de voir renaître et se propager l'*Œuvre du Denier de Saint-Pierre*. Elle reparut alors sous une forme nouvelle, s'est soutenue par de nouveaux moyens, et atteint le but pour lequel elle fut fondée à l'origine. Comme dans les siècles passés, ce sont les offrandes et les générosités des catholiques qui mettent le pape en mesure de conserver et de remplir la triple mission de Père, de Pontife et de Roi.

Depuis la Révolution européenne fomentée

par la soi-disant Réforme, les institutions qui, sous un nom ou sous un autre, avaient paré aux nécessités du Saint-Siège et aux besoins de l'Église universelle, s'étaient désagrégées peu à peu et même assez rapidement. Progressivement le vicaire de Jésus-Christ fut réduit à un état de souffrance matérielle poussée à l'extrême. La propriété ecclésiastique supprimée ou confisquée sur presque toute la surface du monde, ne peut plus apporter, comme autrefois, aucun secours régulier au chef spirituel de l'Église ; les tributs religieux qui étaient passés à l'état de lois chez plusieurs peuples chrétiens n'existaient plus. Dans les pays où le pouvoir de Rome s'était fait le plus sentir, la réaction fut d'autant plus vive et l'explosion plus violente, le jour où l'on exploita contre la Papauté les rancunes accumulées durant tant de générations.

Nous avons vu l'Angleterre, berceau du Denier, être la première à abandonner cette œuvre et à refuser, de par la volonté du despote Henri VIII et de l'impudique Elisabeth, le paiement de l'*aumône royale*, dette sacrée, lien plusieurs fois séculaire de cette nation avec le Saint-Siège. Mais nous avons vu aussi que, jusque dans la Scandinavie, cette redevance était tellement ancrée au cœur des populations qu'elles continuèrent à la payer aux pasteurs luthériens. Ceux-ci trouvaient bon pour eux ce qu'ils avaient trouvé abusif et mauvais de la part des papes !

Sous prétexte d'*abus à réformer*, les nouveaux

hérétiques commencent par envahir et mutiler l'Allemagne ; bientôt c'est le tour de la Suisse, puis ils gagnent les Pays-Bas, passent dans les régions du Nord, où ils occupent la Prusse, la Hollande, la Silésie, la Pologne, la Hongrie, la Suède, la Nowrège, le Danemark, l'Islande, et viennent livrer leur dernier assaut sur divers points de la France. Chacune de ces victoires du Protestantisme, qu'il fût luthérien, calviniste ou anglican, arrachait un lambeau au patrimoine du Saint-Siège. Ce mouvement politique provenait surtout de la haine de l'Eglise romaine et de la Papauté !

Cette haine, avec ses conséquences si funestes aux œuvres matérielles et spirituelles des Souverains Pontifes, ne fit que croître dans l'agitation populaire qui engendra la Révolution universelle. La société européenne était atteinte du poison protestant ; ce venin produisait son effet. L'Église trop longtemps asservie ne put pas assez en arrêter les progrès et entraver la marche des révoltés. En face d'elle se dressaient le Philosophisme, le Rationalisme, les Parlements, le Joséphisme. Sous cette néfaste influence coalisée, la persécution se déchaîne en Espagne, en Portugal, en Autriche, en Italie, où elle ruine et emporte toutes les œuvres de la Papauté. La Franc-Maçonnerie mène le tout dans l'ombre ; et la main des *Carbonari* prépare les armes qui, en sapant les trônes et l'autel, introduisent fatalement la Révolution dans Rome et en France. Les papes sont les points de mire; et lorsque Benoît XIV, Clément XIII et Clément XIV ont tout fait pour endiguer les flots révolutionnaires, Pie VI meurt en exil, et Pie VII en connaît aussi les amertumes.

*
* *

Quand l'Europe a passé par ces bouleversements, alors que presque en même temps (1846-1848) les révolutionnaires s'agitent de plus en plus dans les États pontificaux et en France, alors va s'opérer la rénovation du *Denier* apostolique. La démagogie a triomphé à Rome : Pie IX doit s'enfuir. Mais la France, l'Espagne, l'Autriche, la Bavière, tous les représentants des puissances catholiques le suivent dans son exil, et mettent ainsi la République romaine au ban de la société, avant même que cette entreprise mazzinienne fût constituée.

Toutes les nations se disputent l'honneur d'offrir l'hospitalité à l'infortuné pontife et rivalisent de générosité pour le secourir. Des adresses de protestation, des lettres de condoléances lui arrivent de toutes les parties du monde (1). Un instant le bruit se répandit que Sa Sainteté va débarquer à Marseille. Cette nouvelle produit dans tout le pays l'effet d'une commotion électrique, et l'Assemblée nationale, applaudis-

(1) Tous ces écrits ont été réunis en deux précieux volumes in-4° de 500 pages chacun, sous le titre : *Le monde catholique à Pie IX en exil.*

sant à cette pensée, écrit au nonce : « La République, qui n'oublie pas les vieilles traditions, restera fidèle à celles qui montrent la France hospitalière aux grandes infortunes, pleine de vénération et de respect pour les plus nobles vertus ! »

Cependant le pape assiégé dans son palais n'a que le temps de s'évader. Se rendant aux conseils des représentants de la France, de l'Espagne et de Naples, qui ont tout préparé pour assurer sa fuite, il se réfugie à Gaëte. C'est sur ces entrefaites et pour prêter un secours effectif à la Papauté exilée de ses États, que notre Montalembert prononça le discours qui devait faire revivre le Denier de Saint-Pierre. Nous avons dit comment l'épiscopat et le clergé se mirent à l'œuvre. Les fidèles répondent à l'éloquence suppliante de leurs pasteurs tendant la main en faveur du Père commun, que l'astuce, le brigandage, la force armée dépouillaient progressivement de la majeure partie de ses États. Son pouvoir temporel ne pouvait plus se soutenir, il allait disparaître faute de ressources pécuniaires.

Autrefois les revenus du domaine pontifical pouvaient suffire aux dépenses de la cour romaine, Dieu sait avec quel économie ! mais enfin ils suffisaient. Ainsi, en 1859, l'année même où le Piémont s'emparait des Romagnes (6 septembre) le budget des recettes s'élevait à 54 millions, et celui des dépenses arrivait à la même somme. Dans ce chiffre l'intérêt de la dette produite et grossie par les révolutions figurait pour 24 millions ; 8 millions étaient consacrés à l'enseignement, aux beaux-arts, aux travaux publics ; l'armée absorbait 11 millions ; 8 millions étaient affectés à l'administration des Etats romains ; enfin restaient trois millions qui constituaient la liste civile du Pape. Avec cette dernière somme, le Saint-Père devait pourvoir à ses propres dépenses et à l'entretien de ses palais, soutenir les Cardinaux et les Congrégations romaines ; faire un traitement convenable à une foule de prélats et d'ecclésiastiques employés au service de l'Église ; subvenir aux besoins des nonces et autres représentants du Saint-Siège auprès des divers souverains ; suffire enfin à l'administration générale de l'Église dans les cinq parties du monde. Il fallait des prodiges d'économie ; mais le Saint-Père savait se contenter de cette modeste liste civile, et il pouvait néanmoins satisfaire à toutes ses obligations.

Par suite d'une guerre qui ne lui avait même pas été déclarée, des désastres de l'invasion et de la privation des revenus que donnaient les provinces enlevées, le juste équilibre, si péniblement obtenu, était détruit, et le pape fut dans l'impossibilité de subvenir à ses charges. Le patrimoine apostolique était restreint à des conditions dans lesquelles, même comme prince temporel, il n'avait plus le moyen de se suffire à lui-même. Le cardinal ministre d'État Antonelli dénonça cette situation dans une dépêche restée célèbre. « Chacun voit, disait-il, que les possessions actuelles du Saint-Siège n'offrent qu'un tout disproportionné, un organisme dont les parties essentielles ne sont plus en harmonie. Une grande capitale comme la ville de Rome, privée de ses meilleures et de ses plus riches provinces, ressemble à une tête sans corps, ou à un corps de nain, dont les organes vitaux ne se prêtent qu'à une constitution imparfaite et à une respiration asthmatique. Ce fatal démembrement n'a pu s'opérer sans apporter des embarras très sérieux à l'action régulière du gouvernement (1). »

L'appel adressé à la catholicité s'était inspiré de cette situation si grave. C'était plus qu'à l'existence personnelle du Pontife qu'il fallait pourvoir. Il y allait de la vie même de son gouvernement ; pour l'administration de ce territoire qu'on appelle encore les *États de l'Église*, le pape ne peut se passer du concours de ses sujets spirituels. Les secours des catholiques devenus indispensables ne se firent pas attendre. De toute part on organise, sous diverses formes, les collectes qui finissent par atteindre le but en allégeant les charges apostoliques, et bientôt ces charités sont unifiées sous le titre désormais officiel de *Denier de Saint-Pierre*.

*
* *

Après le premier appel jeté en France, la Belgique donna une constitution régulière à cette

(1) Dépêche du 19 novembre 1865.

œuvre. Sans exposer les divers modes employés dans les différentes parties de l'univers catholique et presque dans chaque diocèse, nous nous arrêterons aux deux principales institutions, telles qu'elles parurent au début de ce rétablissement et telles qu'elles ont fonctionné jusqu'en ces derniers temps. Pour cela nous userons de documents consignés dans un livre officiellement reconnu et approuvé à Rome comme authentique. Nous laissons la parole au R. P. Béringer de la Compagnie de Jésus (1).

La première Association que le savant religieux fait connaître et dont il expose l'organisation est celle qui fut fondée en Allemagne sous le vocable de *Saint-Michel*. « Peu après l'époque où les ennemis de l'Eglise commencèrent à arracher au Souverain Pontife partie par partie son pouvoir temporel (1860), plusieurs personnages éminents se réunirent à Vienne, afin de rechercher comment les fidèles pourraient venir plus facilement au secours du Saint-Père si injustement opprimé. On s'arrêta d'un commun accord au projet de fonder à cet effet une Association spéciale sous le nom du glorieux archange saint Michel, à qui a été confiée par Dieu même la défense de l'Église. Ce projet se réalisa facilement lorsque le Saint-Père eut daigné l'approuver par un bref du 7 mars 1860. L'Association, établie d'abord dans l'archidiocèse de Vienne, fut bientôt introduite

(1) *Les Indulgences, leur nature et leur usage.* De la traduction française, 1890, t. II, p. 249-251 et 296-299.

en beaucoup d'autres villes d'Autriche, d'Italie et d'autres pays.

« Les membres de l'association doivent, avant tout, par leurs prières pour le Saint-Père imiter les fidèles des premiers temps dont la sainte Écriture nous dit : « Pierre était enfermé dans la prison, mais l'Église priait continuellement pour lui (1). »

« Ensuite, comme le Souverain Pontife, pour gouverner l'Église, a besoin de ressources temporelles, la seconde obligation des associés sera de procurer au Pape des offrandes pécuniaires, suivant la bonne volonté et la fortune de chacun. »

Pour appartenir à la dite Association et en gagner les indulgences, il était prescrit : 1º de réciter le *Pater,* l'*Ave* et le *Credo* pour les intérêts et les besoins de l'Église et du Saint-Père ; 2º donner chaque mois deux pfennig (2 centimes et demi), c'est-à-dire au moins 24 pfennig (30 centimes) par an pour le Denier de Saint-Pierre. Cette cotisation pouvait être payée en une fois et pour une longue période ; ceux qui le pouvaient étaient engagés à faire des offrandes plus considérables.

« Le Pape Pie IX, dans une audience privée (1872) a dit : l'Association de *Saint-Michel* est mon association. »

— La seconde Association mentionnée par ce même auteur est celle de France, portant le titre

____

(1) Act. Apost., XII, 5.

officiel de *Denier de Saint-Pierre*. Voici l'article
la concernant :

« L'Œuvre du Denier de Saint-Pierre est l'œuvre
catholique par excellence ; elle est, disait le cardinal Pie, « l'œuvre principalement *nécessaire* du
« moment actuel, même dans l'intérêt des autres
« œuvres : celles-ci ne reçoivent-elles pas l'impul-
« sion et le mouvement de la sainte Église romaine
« qui est le cœur du monde catholique ? »

 « Ce devoir prédominant de secourir le Saint-
Père a été compris des fidèles du monde entier,
et ce sera une des gloires du xixe siècle. Non seulement les pays catholiques, comme la Belgique,
l'Irlande, l'Espagne, le Portugal, l'Autriche, l'I-
talie, la Pologne, mais encore les pays en majeure
partie protestants, tels que l'Angleterre, les États-
Unis, la Hollande, l'Allemagne se sont empressés
d'envoyer leurs offrandes au Souverain Pontife
dès les premiers temps de ses cruelles épreuves.
La France n'a pas failli dans ce devoir à son titre
de fille aînée de l'Église, elle a marché comme
d'ordinaire au premier rang. Depuis que l'Œuvre
est régulièrement établie, les cardinaux, arche-
vêques et évêques français apportent chaque
année ou transmettent au Saint-Père des sommes
considérables. »

Mgr de Poitiers déclarait en 1866 que ce seul
diocèse, où les grandes fortunes n'abondent pas,
avait déjà envoyé au Chef de l'Église plus de
300.000 francs. En 1860, l'archevêque de Cambrai
félicitait ses diocésains de lui avoir adressé, pour

la première année, près de 200.000 francs, sans compter les sommes importantes transmises par d'autres voies que son archevêché. Et le cardinal Pie ajoutait, dans l'*Instruction pastorale* que nous venons de citer : « Le produit total du Denier de Saint-Pierre représente chaque année une somme d'environ neuf millions (1). S'il nous est permis, à nous catholiques, de trouver que c'est peu, les ennemis de l'Église n'ont pas le droit de le penser et de le dire. Quel autre pouvoir ici-bas obtiendrait annuellement un don gratuit de cette importance ? »

****

« Durant les années qui suivirent immédiatement la première invasion de l'Église (1860), ces offrandes, nous dit le P. Béringer, étaient principalement le fruit des deux quêtes annuelles ordonnées à cet effet par les évêques dans toutes les paroisses de leurs diocèses.

« Mais bientôt, en Belgique, à Lyon, à Nîmes, à Paris comme en Allemagne, on eut l'idée, tout en maintenant les quêtes annuelles, d'organiser le mode de *cotisations* accessibles à toutes les bourses et sous la forme de dizaines, sur le modèle de l'œuvre si populaire de la Propagation de la Foi. « On a calculé, dit encore le cardinal Pie,

---

(1) L'illustre cardinal-évêque de Poitiers rapproche ces 9 millions du budget pontifical. En 1864, ce budget présente un total de recettes d'un peu plus, et un total de dépense d'un peu moins de 28 millions, abstraction faite de la dette publique. On a eu ci-avant le détail des dépenses absorbées pour les États de l'Église.

que si les deux cents millions de catholiques versaient annuellement une somme de 15 centimes par tête, on arriverait au chiffre de 30 millions de francs. » En France, cette œuvre ainsi établie existe dans un très grand nombre de diocèses. » Celui de Paris qui se signala des premiers, eut son siège établi dans l'église Notre-Dame des Victoires et la cotisation fut fixée à 1 franc par an (1). Présentement et depuis nombre d'années, il en est pour Paris, comme pour la plupart des diocèses de France, on se contente de faire, à certains jours fixes, des quêtes durant les offices paroissiaux et d'avoir un tronc affecté à cette œuvre. Le produit de ces diverses collectes est versé aux évêchés, qui ont charge de le faire parvenir au Saint-Père, et en donnent un relevé officiel aux diocésains dans les comptes-rendus des principales Œuvres, telles que Propagation de la Foi, Sainte-Enfance, Saint-François de Sales, etc.

L'œuvre du *Denier* pontifical a été enrichie de nombreuses indulgences, plénières et partielles, à des dates fixées par Lettres apostoliques. En outre, les membres de l'Association participent aux fruits d'un grand nombre de saintes messes : car le pape Pie IX fonda, dès l'année 1861, une messe quotidienne à Rome, à la chapelle du *Sémi-*

______

(1) Depuis la publication de l'ouvrage du R. P. BERINGER, il est à noter que l'œuvre établie à Paris, par cotisations, et due à l'initiative privée, est morte avec son fondateur (M. Pagès) vers 1896. Le compte rendu qui s'y faisait le jour de la Chaire de Saint Pierre est supprimé, ainsi que les listes de cotisation. (Renseignement dû à l'obligeance de M. le chanoine Rataud, curé de Notre-Dame des Victoires).

naire Pie, pour tous ceux qui « par l'aumône, par les armes, ou par la plume », se font les bienfaiteurs du Saint-Siège. Lui-même offrait souvent le Saint-Sacrifice à leur intention.

Pour donner plus de relief et d'avantages spirituels à l'Association, le même Pontife, par bref du 4 novembre 1860, l'érigea en *Archiconfrérie*. Le but est d'aider, en ces temps malheureux, le Saint-Siège par la prière et par les œuvres, « *precibus et operibus* ».

« A Rome, ajoute le P. Béringer, dans chacune des paroisses de la ville, on désigne des collecteurs qui recueillent les aumônes des associés ; tous les mois, le président et le conseil de l'Archiconfrérie tiennent une réunion de tous les collecteurs, où ceux-ci rendent compte de leurs recettes et les remettent au trésorier qui se charge de les verser au trésor papal. Chaque année, autant que possible, vers la fête des apôtres saint Pierre et saint Paul, doit avoir lieu une réunion solennelle où l'on fait un rapport sur la situation de l'Œuvre, sur l'état des recettes, etc. L'Archiconfrérie est placée sous la haute autorité du Cardinal Vicaire, et elle est dirigée à Rome par un conseil composé d'un président, d'un trésorier général et de huit conseillers ; un secrétaire et un vice-secrétaire complètent le bureau. »

*
* *

Si l'on compare l'Œuvre contemporaine avec celle des temps passés, on trouve bien des similitudes, soit dans l'organisation, soit dans les résultats.

Ainsi actuellement les évêchés sont chargés de centraliser les aumônes, comme autrefois le faisaient les évêques en diverses régions. Il y a aussi des *collecteurs* à titre ; et si ce n'est plus la Chambre apostolique qui les désigne, ils n'en sont pas moins officiels, tenant leur charge ou de l'Ordinaire ou du clergé paroissial, alors que les *collectores* du moyen âge étaient délégués par la *Camera* papale. De nos jours, comme à l'origine, le *Denier* est purement une « aumône » et non un « impôt ». Sans doute, comme l'observait le pieux évêque de Périgueux, Mgr Dabert, dans un de ses mandements, ce terme d'*aumône* peut paraître impropre. « Donner au *Denier*, écrivait-il, n'est pas une aumône, nous n'admettons pas cette parole quand il s'agit du Pape ; mais c'est payer une *dette filiale* à l'Église, notre mère, et au Souverain Pontife notre père, dette sacrée de notre cœur. » Pas davantage cette dette n'est un impôt ; encore moins un *traitement*. « Sachez-le tous, disait l'éloquent évêque d'Angers prescrivant l'établissement de cette Œuvre, c'est un *hommage* et non pas un *traitement*. Votre délicatesse comprendra cette distinction et ne voudra pas que le Père vénéré et malheureux soit réduit à attendre un subside. »

Ce subside allait lui être offert par diverses nations du monde catholique et même par des pays schismatiques. La Russie se mit officiellement en avant en s'inscrivant pour quatre millions. Mais ne voulant pas aliéner sa liberté, et confiant dans la générosité de ses enfants, l'auguste spolié, Pie IX, se contenta de dire simplement : « Le Denier de Saint-Pierre nous suffira. » L'État spoliateur prétend, lui, aussi faire une liste civile à son prisonnier, en confectionnant l'hypocrite loi dite *de garanties*.

En 14 articles, ces usurpateurs énumèrent les prérogatives du pape. Entre autres, sa personne sera inviolable et sacrée ; les injures qui lui seraient faites seront punies comme si elles allaient à la personne même du roi. — Il jouira des honneurs souverains et du droit de conserver ses gardes du corps. — Il lui sera alloué une dotation de 3.225.000 livres inscrite au grand livre, exempte de toute taxe... « Ce *traitement* pécuniaire, écrivait le vaillant et illustre évêque de Montauban, Mgr Doney, on l'eût sans doute élevé autant qu'il l'eût désiré. Mais Pie IX a répondu comme saint Pierre : *Pecunia tecum sit in perditionem, quoniam existimasti donum Dei pecunia possideri... Cor tuum non est rectum coram Deo* (1). »

Si dans sa dignité de Pontife-roi, le pape Pie IX refusait ainsi cet argent, produit du vol sacrilège, il se montrait reconnaissant, généreux, envers ceux qui lui envoyaient, selon les magnifiques expressions de Mgr Dupanloup, « le denier d'or, le denier d'argent et le denier de cuivre ; le denier du

____

(1) Act. Apost., viii, 20 1.

riche et celui du pauvre ; le denier de la veuve tant loué dans l'Évangile. » Non seulement ses bénédictions allaient à chacun de ces bienfaiteurs ; mais, de même que jadis la *redevance* valait la *protection apostolique*, de même il se plaisait à récompenser les plus dévoués. Il octroyait des dignités, des décorations, des titres de noblesse ; il offrait de riches cadeaux, des objets bénits que les familles conservaient pieusement. Sa seule signature au bas d'une modeste image ou de sa photographie valait un trésor pour ces chrétiens à la foi ardente, à l'âme généreuse. Le *Denier* resserrait les liens entre la catholicité et son chef, comme dès le principe et au cours du moyen âge, il cimenta l'union entre les chefs d'États et le chef de l'Église, entre les seigneurs et celui qui représentait la plus haute puissance morale ici-bas, entre le peuple croyant et le docteur infaillible.

⁎

Nous voudrions terminer ces pages par le relevé des sommes qui, pour la période contemporaine ont été versées au trésor pontifical par l'Œuvre du Denier. Vu son caractère purement charitable, cette Œuvre n'a eu ni Comité central, ni comptes rendus généraux. Les oboles recueillies dans chaque diocèse étaient généralement portées au Saint-Père par les évêques dans leurs visites *ad limina,* ou bien par des diocésains de confiance. Souvent aussi de simples particuliers, les familles opulentes allèrent remettre leurs offrandes de la main à la main, ou employaient des intermédiaies autres que la voie officielle de leur diocèse respectif. Et si les camériers du Souverain Pontife tenaient scrupuleusement à jour le compte de ces versements, pour établir le budget des dépenses, on peut dire que « la main gauche ignorait ce que faisait la main droite » ; ou mieux encore : « d'une main, le Père de la catholicité recevait l'aumône, de l'autre, il la distribuait à sa famille. »

Nombreuses et abondantes sont les charités du Saint-Siège. Comme l'a écrit Mgr Dabert : « Tant que le père de famille est riche, il ouvre la main pour donner à ses enfants. » Et alors même qu'il est pauvre, alors qu'il est « obligé de tendre la main pour recevoir », bien des misères s'adressent à lui et cherchent auprès de son trône secours et consolation.

C'est plus que la catholicité qui en bénéficie. Sans tenir compte de la divergence de religion, nous avons vu les papes envoyer des secours pécuniaires aux pays éprouvés par des catastrophes : pestes, famines, inondations, éruptions volcaniques, bouleversements sismiques, explosions de grisou, etc..., ne les trouvèrent pas indifférents. Dans toutes les calamités publiques les dons du Souverain Pontife ont été plus en rapport avec sa haute situation et sa perpétuelle sollicitude, qu'avec ses propres ressources, c'est-à-dire avec les ressources puisées en grande partie dans le trésor du Denier de Saint-Pierre.

Quel prestige et quelle influence si efficace ne donne pas au pape sa puissance morale ! A notre époque si troublée, on ne peut nier l'ascendant de ce prisonnier du Vatican vivant de l'aumône. N'est-ce pas à sa porte que les nations en litige viennent frapper pour demander conciliation ou arbitrage ? A l'heure même où nous traçons ces lignes la Colombie et le Pérou sollicitent l'intervention de Pie X au sujet de posséssions territoriales en conteste. Les armées se sont repliées, en attendant la solution de l'arbitre suprême. Sans territoire, sans armée, Pie IX ne garda-t-il pas, même à l'égard des peuples hérétiques, l'influence et les prérogatives royales ? Le chancelier de fer, prince de Bismarck, fait appel à sa médiation dans les difficultés de l'Allemagne avec l'Espagne et se soumet à sa sentence. L'Angleterre, qui a tant de fois persécuté ce père, lui demande d'intercéder pour elle et de calmer l'irritation des Irlandais ; le pape se souvient de cette nation qui fut le berceau du *Denier* apostolique, et en retour, comme jadis, il lui fait « l'aumône de sa protection ». La Chine elle-même n'a-t-elle pas voulu traiter avec la Papauté de puissance à puissance et obtenir de Léon XIII des faveurs que son affection paternelle pour la France lui a fait refuser ? C'est que la fille aînée de l'Église a toujours marché à la tête des œuvres charitables, tant pour le Denier de Saint-Pierre que pour la Propagation de la Foi *ad extra*. Le pape ne l'a pas oublié. Aussi lui a-t-il maintenu le rôle séculaire qu'elle joue dans les contrées infidèles.

Que si à l'heure présente notre patrie est menacée de déchoir de ce rang si honorable et qui lui a donné tant de prestige au milieu des peuples, elle le devra aux fautes de ses gouvernants, alors que Pie X, fermant l'oreille à de multiples sollicitations intéressées, voulait à tout prix lui conserver ce glorieux protectorat.

Jadis le *Denier de Saint-Pierre* fut une des plus sûres sauvegardes, une des aides les plus efficaces de la Papauté et de son action dans le monde ; il ne lui est pas moins nécessaire à notre époque. Aussi bien, après une période où cette Œuvre a paru, sinon décliner, du moins perdre de cette activité qui entretient le zèle des masses, voici qu'elle va entrer dans une nouvelle phase de prospérité et d'influence.

Sur les derniers mois de l'année qui vient de s'écouler (1906), le Congrès des catholiques allemands, tenu à Essen, a émis le vœu de la constitution d'une *Ligue internationale de la presse catholique* pour le Denier pontifical. Le siège de cette Association mondiale serait établi aux bureaux de la *Civiltà cattolica,* où se centraliseraient toutes les souscriptions. Cette proposition, acclamée par les congressistes, doit être soumise aux divers congrès catholiques d'Allemagne et figurera cette année même à l'ordre du jour de celui de Wurzbürg, en Bavière, pour jeter les bases de l'organisation et en dresser les statuts.

Cette Association est d'autant plus nécessaire, a fait observer le promoteur, que « les catholiques français, si généreux dans le temps passé, devront forcément restreindre leurs générosités pour faire face aux besoins de leur clergé et à l'entretien du culte ».

L'action de la presse, si puissante à notre époque, ramènera les beaux jours d'une Œuvre si éminemment catholique. Malgré tout, ainsi que vient de l'écrire une plume bien autorisée (1), « la France ne veut pas être la dernière à remplir ce devoir de reconnaissance et de piété filiale. Bien qu'elle soit mise à sac, elle n'en est pas encore réduite à la mendicité, et, de même qu'elle ne diminue pas d'un centime les subsides qu'elle distribue à nos missionnaires dans le monde entier, de même elle inscrira toujours en tête du Denier du culte le *Denier de Saint-Pierre*, qui pourvoit aux dépenses sacrées du Saint-Siège et du gouvernement de l'Eglise universelle. »

(1) Em. KELLER, *Correspondance hebdomadaire*, mars 1907.

TABLE DES MATIÈRES

Pages.

CHAPITRE IV

Raison et Convenances du « Denier ».

CHAPITRE V

Rénovation contemporaine de cette Œuvre.

640-07. — Impr. des Orph.-App., F. BLÉTIT, 40, rue La Fontaine, Paris

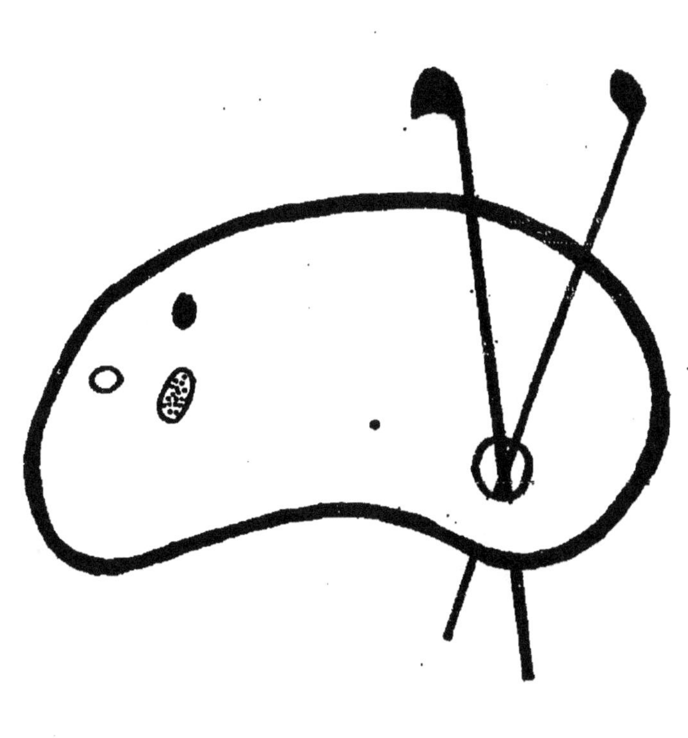

ORIGINAL EN COULEUR
NF Z 43-120-8

www.ingramcontent.com/pod-product-compliance
Lightning Source LLC
Chambersburg PA
CBHW051133050726
47594CB00003B/1066